Naiem Ahmadinejadfarsangi

Hijab

Naiem Ahmadinejadfarsangi

Hijab

Éditions Muse

Imprint

Cover image: www.ingimage.com

Publisher:
Éditions Muse
is a trademark of
Dodo Books Indian Ocean Ltd. and OmniScriptum S.R.L publishing group

120 High Road, East Finchley, London, N2 9ED, United Kingdom
Str. Armeneasca 28/1, office 1, Chisinau MD-2012, Republic of Moldova, Europe
Printed at: see last page
ISBN: 978-620-4-96734-9

hijab

Naiem Ahmadinejadfarsangi

Table of Contents

Les arbres bougent!!

Un vieil homme était assis dans le train avec son fils de 25 ans. Alors que les passagers étaient assis sur leurs sièges, le train a commencé à bouger.

Dès que le train a commencé à bouger, le garçon de 25 ans qui était assis près de la fenêtre était plein d'excitation.

Il sortit sa main de la fenêtre et tout en touchant avec plaisir l'air en mouvement, il cria : Père, regarde !! Les arbres bougent.

Le vieil homme admira l'excitation de son fils avec un sourire.

A côté du jeune homme, un jeune couple était assis qui entendit les paroles du père et du fils et fut surpris par les mouvements du jeune garçon qui se comportait comme un enfant de 5 ans...

Soudain, le jeune homme a de nouveau crié avec enthousiasme: "Père, regarde le lac, les animaux et les nuages se déplacent en train".

Le jeune couple regarda le garçon avec sympathie.

Il a commencé à pleuvoir. Quelques gouttes tombèrent sur la main du jeune homme. Il la toucha avec plaisir et ferma les yeux et cria de nouveau : Père, regarde, il pleut, l'eau coule sur moi.

Le jeune couple n'en pouvait plus et demanda au vieil homme : Pourquoi n'allez-vous pas chez le médecin pour le traitement de votre fils?

Le vieil homme a dit: Nous revenons de l'hôpital en ce moment. Aujourd'hui, mon fils peut voir pour la première fois de sa vie.

Résultat:

Chaque expérience et diagnostic prend du temps et personne ne peut juger quelqu'un sans connaître son origine morale et sociale. A condition que ceux qui ont de l'expérience ne s'aveuglent pas et ne regardent pas le monde du point de vue de l'inexpérimenté !!!

étudiant paresseux

J'étais en première année du primaire à Chiraz en 1999.

Nous sommes arrivés à Ispahan au milieu de l'année. Une école a écrit mon nom, j'étais de la ville, avec un fort accent turc Qashqai, d'une ville étrangère.

Nous avons des grenades dans nos livres. Le gouverneur d'Ispahan, Abba Baba.

C'était un problème pour moi, je ne comprends rien. Bien sûr, dans notre propre ville, personne ne savait que j'étais le premier étudiant. Mais j'étudie avec difficulté et malheur.

A Ispahan, je suis devenu un étudiant paresseux.

Nous avions un vieux professeur impatient qui est devenu mon ennemi juré!

Tous ceux qui n'étudiaient pas disaient : Tu veux être untel, et il voulait dire que je sois pauvre.

Je suis allé en deuxième année avec beaucoup d'efforts. A cause de ma malchance, cette dame est devenue notre professeur.

Je suis toujours assis en classe et parfois je mange un bâton pour ne plus me rappeler qui je suis!!

Je croyais aussi que je suis un étudiant paresseux pour toujours...

En troisième année, un jeune et gentil enseignant est venu dans notre école.

Il porte des vêtements propres et le résumé est très bon.

Ils l'ont mis dans notre classe. Je ne me suis pas assis dans la classe dès la première fois.

Je savais où était la tasse.

Il a donné une leçon, il a dit d'apporter l'exercice pour demain.

J'étais si heureux que j'ai écrit Tamiz Mushak. Mais je sais quel est le résultat d'être paresseux en classe!

Le lendemain, quand il est venu, il a pris un bel autographe et a commencé à signer les exercices...

Nous étions tous ravis !! Ils traceront une ligne ou déchireront nos vêtements.

Quand il m'est parvenu, j'ai montré mes yeux avec désespoir.

Mes mains tremblent et mon cœur bat la chamade.

Il a écrit quelque chose sous chaque exercice.

Qu'est-ce que tu m'écris!!!?

Il écrivit d'une belle écriture : Excellent

je ne pouvais pas y croire!!

Après trois ans, ce fut le premier mot qui fut exprimé dans mes encouragements.

Mon sourire a disparu, j'ai posé ma tête sur mon bureau et j'ai pleuré.

Je me suis dit que je ne lui ferais jamais comprendre que je suis paresseuse en classe ! Je me suis promis d'être le meilleur...

Cette année-là, avec une moyenne de 20, je suis devenu le premier élève et de même les années suivantes.

J'ai toujours été le premier élève. Lorsque j'ai passé l'examen d'entrée, je me suis classé sixième à l'examen d'entrée dans le pays et je suis allé à l'université de Téhéran.

Un petit mot a changé mon destin.

Canard

Trois femmes ont été tuées dans un accident et trois d'entre elles sont allées au paradis!

A la porte du ciel, le garde dit:

Vous êtes libre de tout faire, la seule règle ici est : ne marchez pas sur les canards!

Les femmes acceptent et vont au ciel.

C'était très beau et vert, mais partout c'était plein de canards!

Là, la première femme a marché sur un canard et le canard a été écrasé...

L'agent de sécurité est venu à ce moment avec un homme très laid et a dit:

Vous avez enfreint la loi et en guise de punition, vous devez rester avec cet homme pour toujours...

Le lendemain, la deuxième femme a marché sur le canard et le gardien de sécurité est venu rapidement, accompagné d'un autre homme laid et a dit:

Tu as enfreint la loi et tu dois rester avec cet homme pour toujours pour être puni...

La troisième femme, qui avait vu cela, avait très peur et se concentrait pour ne pas mettre les pieds sur les canards!

Quelques mois se sont écoulés ainsi jusqu'au jour où le garde est venu avec un homme très beau et beau!

Le garde se tourna vers la femme et lui dit : Vous devez rester ensemble pour toujours...

La femme, qui n'avait jamais vu un tel homme de sa vie, demanda avec empressement au mort:

Wow, je ne sais pas ce que j'ai fait pour que tu sois ma récompense! ..

Le mort a dit : Je ne sais rien non plus ! Je sais seulement que j'ai écrasé un canard..!

Combien êtes-vous payé à l'heure?

Un homme est rentré tard du travail, fatigué et en colère.

À la porte, il a vu son fils de cinq ans qui l'attendait.

-Papa! Puis-je vous poser une question?

-Oui bien sûr. quelle question?

-Papa, tu reçois combien d'argent pour chaque heure de travail?

L'homme répondit avec colère : Cela n'a rien à voir avec vous. Pourquoi posez-vous une telle question!?

-Je veux juste savoir. Dites-moi, combien êtes-vous payé pour chaque heure de travail?

-Si tu dois savoir, je te le dirai. 20 dollars.

Le petit garçon soupira, la tête baissée. Puis il a regardé l'homme et a dit : Pouvez-vous s'il vous plaît me prêter 10 dollars?

L'homme s'est mis encore plus en colère et a dit : Si votre raison de poser cette question était seulement d'obtenir de l'argent de ma part pour acheter des jouets, alors allez dans votre chambre et réfléchissez pourquoi vous êtes si égoïste. Je travaille tous les jours et je n'ai pas le temps pour un tel comportement enfantin.

Le petit garçon alla tranquillement dans sa chambre et ferma la porte et s'assit.

Après environ une heure, l'homme s'est calmé et a pensé qu'il avait peut-être traité son petit fils trop durement. Peut-être qu'il avait vraiment besoin de 10 $ pour acheter quelque chose. D'autant plus qu'il était très rare qu'un garçon demande de l'argent à son père.

L'homme se dirigea vers la chambre du garçon et ouvrit la porte.

- Tu dors mon fils?

-Non, père, je suis réveillé.

-J'ai pensé que j'étais peut-être grossier avec toi. Aujourd'hui, mon travail a été dur et long, et j'ai déversé mon chagrin sur vous. Voici les 10 dollars que vous avez demandés.

-Le petit garçon s'est assis, a ri et a crié : "Merci papa"!

Puis il mit sa main sous son oreiller et en sortit quelques billets froissés.

Quand l'homme a vu que le petit garçon avait de l'argent, il s'est de nouveau mis en colère et a dit que même si vous aviez de l'argent vous-même, pourquoi avez-vous encore demandé de l'argent?

Alors le fils dit à son père : Parce que je n'avais pas assez d'argent, mais maintenant j'en ai.

Maintenant, j'ai 20 dollars. Puis-je acheter une heure de ton travail pour que tu rentres tôt demain ? Parce que j'aimerais dîner avec toi.

Beaucoup d'entre nous brisent le cœur de nos proches avec nos jugements rapides. Ne jugeons pas trop tôt !

Schizophrénie

Cela remonte à il y a quelques années, après le décès de ma mère.

Afin de me débarrasser des souvenirs de chez moi, j'ai loué un appartement dans un immeuble à plusieurs étages, mais j'ai vite découvert qu'une mère et son fils vivaient à côté, et heureusement, le fils portait le même nom que moi!

Sa mère aussi l'appelait tout le temps, le ton de sa voix était tel que j'avais l'impression que ma mère m'appelait.

Les premiers jours, j'étais totalement confus. Mais ensuite j'ai essayé d'en profiter, j'ai commencé à répondre!

La mère de ce côté-ci du mur disait à son fils : Le dîner est prêt, je répondais de ce côté-ci du mur : Je vais venir maintenant!

C'était très stupide, mais je pouvais entendre clairement sa voix. Je pensais que c'était ma mère!

Il a dit : Quelle couleur d'écharpe dois-je tricoter pour toi ?

J'ai dit bleu.

Même quand il m'a réveillé le matin, je l'ai supplié de me laisser dormir cinq minutes de plus!

Pour être honnête, je n'ai jamais vu son fils, je ne l'ai vu sournoisement par la fenêtre que quelques fois quand il sortait, il avait les cheveux gris, il revenait toujours avec beaucoup de courses.

Une fois j'ai osé lui écrire une lettre : « Je suis aussi le nom de ton fils et je t'aime comme ma mère!

Jusqu'au jour où il a trouvé une mauvaise histoire. Mes amis ont découvert que je me parlais à la maison, leur sympathie s'est épanouie et quand je suis revenu à moi, j'ai vu que j'avais été emmené de force à l'hôpital, ils ont dit que j'étais schizophrène!

A l'hôpital, ils m'ont donné des médicaments et ont porté plainte contre moi. Pendant plusieurs semaines, j'ai vécu parmi des patients schizophrènes, dont l'un pensait qu'il était devenu "Steven Spielberg", un autre pensait qu'il pouvait communiquer avec l'esprit de "Beethoven."

Maintenant, au milieu de ça, je devais prouver que je ne répondais qu'à la femme du voisin, mais à chaque fois que je racontais l'histoire, les médecins disaient que ta voisine n'avait personne du tout, elle vivait seule!

Je commençais à croire que j'étais fou!

Jusqu'au jour où ça m'a frappé et j'ai enveloppé les vêtements du médecin et je me suis enfui de l'hôpital.

Je suis allé directement chez la voisine, mais elle avait quitté cette maison. Il ne m'a laissé qu'une seule lettre:

Je t'aime comme mon fils, si mon fils était vivant, il aurait ton âge maintenant.

imaginer!

La première fois que j'ai appris le mot hypothèse, c'était à l'école primaire.

Notre professeur avait l'habitude de dire : supposons que vous ayez deux pommes, que vous en mangiez une, combien de pommes reste-t-il?

Ce mot m'était si peu familier et étrange que vous ne le savez pas ! Hypothèse? Supposons que j'ai deux pommes ? Comment j'assume ? Où dois-je obtenir l'hypothèse?

J'ai demandé une fois à notre professeur, nous ne savons pas comment et où assumer.

Notre professeur était très belle, je n'ai pas de visage exact d'elle en tête, mais je me souviens qu'elle avait les yeux brillants, elle était blanche et blonde, et elle était gentille, elle portait un masque de telle sorte que quelques des mèches de ses cheveux tombaient toujours, comme si elle savait combien de mèches combien de cheveux ajoutent de la saveur à son visage.

Il a ri et a dit : "Mon fils, ils n'obtiennent aucune présomption de nulle part. La présomption signifie imaginer, cela signifie penser que vous avez quelque chose alors que vous ne l'avez vraiment pas, comme cette pomme. La présomption signifie ceci, cela signifie imaginer que vous avez une pomme, même si c'est une pomme." pas ici.

Maintenant, vingt ans ont passé et la seule chose que je sais bien faire ces temps-ci, c'est assumer.

Quand je veux faire du shopping, je suppose que tu es assis à côté de moi, jouant avec la commande d'enregistrement comme d'habitude pour trouver ta chanson préférée.

Quand je regarde un film, je suppose que tu es juste là, et comme toujours, avec la même urgence de ta douceur, tu veux savoir plus tôt ce qui va se passer à la fin du film.

Je suppose que lorsque je ferai le plein d'essence, comme d'habitude, vous me donnerez l'argent de votre portefeuille et aimerez la comptabilité comme toujours.

Je suppose qu'avant de vouloir sortir de la voiture, je me tourne vers vous et passe une main dans mes cheveux et redresse mon col, puis donne la permission de partir.

Je suppose que tu l'es, et quand je deviens nerveux dans la circulation, tu me lis de la poésie comme à cette époque, et je me convainc petit à petit que la circulation n'est pas si mauvaise.

Je ne sais pas où vous êtes, professeur, mais ces jours-ci, j'ai appris à tellement supposer que vous ne le croiriez pas non plus. Mais savez-vous? Où assumer deux pommes et où l'assumer?

Présumer signifie l'avoir, alors que sérieusement je ne l'ai pas !

Pauvre homme

Le pauvre débiteur fut conduit en prison. Il était très gourmand et volait et mangeait la nourriture de tous les prisonniers. Les prisonniers souffraient de lui et mangeaient leur nourriture en cachette.

Un jour, ils ont dit au geôlier : Dites au juge, cet homme nous dérange beaucoup, il mange la nourriture de 10 personnes, sa gorge est comme un four à feu, il n'en a jamais assez. Sortez-le de prison ou donnez-lui plus de nourriture.

Après enquête, le juge a découvert que cet homme était pauvre et avait un estomac, et c'est la raison de son incarcération. Alors il lui dit : Tu es libre, rentre chez toi.

Le prisonnier dit : Juge, je n'ai rien à faire, je suis pauvre, la prison c'est le paradis pour moi, si je sors de prison, je mourrai de faim.

Le juge a refusé et l'a fait sortir de prison.

Le juge a ordonné de l'emmener dans la ville et d'annoncer sa pauvreté à tout le monde. Personne ne doit lui prêter, lui prêter ou lui prêter. Après cela, quiconque se plaindra de cet homme ne sera pas accepté par le tribunal.

Ensuite, le pauvre homme a été mis sur le chameau d'un vendeur de bois de chauffage. Du matin au soir, le marchand de bois emmène les pauvres de ruelle en ruelle et de quartier en quartier.

Dans le bazar devant les bains publics et la mosquée, il a crié:

Ô gens ! Connaissez bien cet homme, il est pauvre. Ne lui accordez pas de prêt, ne lui vendez pas de prêt, ne commercez pas avec lui, il est pauvre, glouton, chômeur, et occupez-vous de lui.

La nuit, le vendeur de bois de chauffage a fait descendre le prisonnier du chameau et a dit: "Donnez-moi mon salaire et le loyer de mon chameau. Je travaillerai pour vous dès le matin".

Le prisonnier a ri et a dit: "Vous ne savez pas ce que vous dites depuis le matin?" Tu l'as dit à tous les gens de la ville et tu n'as pas compris ? Les pierres et les mottes de la ville savent que je suis pauvre et vous ne le savez pas ? Vos connaissances sont empruntées.

Le résultat de l'histoire:

La cupidité verrouille nos oreilles et notre intelligence. Beaucoup de gens parlent des faits mais ils ne le savent pas et n'agissent pas comme cet homme qui vend du bois de chauffage !!

Trois poupées

Un jour, le vieux mystique passait devant le palais du roi avec ses disciples. Le roi, qui veillait sur le porche de son palais, le vit et ordonna rapidement à ses gardes d'amener le vieux maître au palais.

Aref a été honoré en présence du roi. Tout en le remerciant, le roi lui demanda d'enseigner au jeune prince quelque chose d'instructif, sinon cela affecterait son avenir.

Le maître mit sa main dans le sac et en sortit trois poupées et les présenta au prince en disant : Viens, ce sont tes amis, passe ton temps avec eux.

Le prince dit d'un air moqueur : Je ne suis pas une fille pour jouer à la poupée!

Aref prit la première poupée et passa un morceau de coton dans l'une de ses oreilles, qui sortit immédiatement de l'autre oreille.

Puis il a pris la deuxième poupée et cette fois le morceau de fil est entré dans l'oreille de la poupée et hors de sa bouche.

Il a essayé la troisième poupée. Bien que le morceau de fil ait traversé l'oreille de la poupée, il n'est sorti d'aucun des deux organes mentionnés.

Le professeur a immédiatement dit : "Cher Prince, ce sont tous vos amis, le premier qui n'a pas du tout prêté attention à vos paroles, le second répétera chaque mot qu'il a entendu de vous partout, et le troisième est un ami qui garde toujours la bouche fermée sur ce qu'il a entendu"!

Le prince cria joyeusement et dit : Alors mon meilleur ami est du troisième type, et je ferai de lui un conseiller pour les affaires de l'État.

Arif a répondu: Non et a immédiatement sorti la quatrième poupée du sac et l'a donnée au prince et a dit: C'est l'ami que vous devriez rechercher!!

Le prince prit le morceau de fil et l'essaya. Il fut surpris de voir que le fil sortait de l'autre oreille de cette poupée tout comme la première poupée, il dit : Maître, ça n'a pas marché!

Le vieux sage a répondu : Maintenant, essayez à nouveau. Pour la deuxième fois, le morceau de fil a été retiré de la bouche de la poupée. Le prince essaya une troisième fois et le morceau de fil resta à l'intérieur de la poupée.

Le professeur se tourna vers le prince et lui dit : Une personne digne de votre amitié et de vos conseils sait quand parler, quand ne pas prêter attention à vos paroles et quand se taire !!

Magnifique jardin

Un homme d'affaires avait planté différents types d'arbres, de plantes et de fleurs dans la cour de son palais et avait créé un très beau jardin.

Chaque jour, son plus grand passe-temps était de se promener dans le jardin et de profiter de ses fleurs et de ses plantes. Jusqu'au jour où il partit en voyage. A son retour, il visita son jardin à la première occasion. Mais quand il a vu là, il était sec à sa place...

Tous les arbres et plantes séchaient!

Il se tourna vers le sapin, qui était très vert auparavant, et lui demanda ce qui s'était passé?

L'arbre lui répondit : Je regardais le pommier et je me suis dit que jamais je ne pourrai porter d'aussi beaux fruits comme elle, et à cette pensée je me suis senti tellement bouleversé que j'ai commencé à me dessécher...

Le marchand s'est approché du pommier, mais il était aussi sec!...

Il a demandé la raison et le pommier a répondu : En regardant la rose et en sentant son odeur agréable, je me suis dit que je n'émettrais jamais une odeur aussi agréable et avec cette pensée j'ai commencé à me dessécher.

Comme le rosier était aussi desséché, on lui a demandé pourquoi, il a répondu : J'ai raté l'érable, parce que je ne peux pas fleurir en automne. J'ai donc été déçu de moi-même et j'ai soupiré. Dès que cette pensée m'a traversé l'esprit, j'ai commencé à me tarir.

En se promenant dans le jardin, l'homme a remarqué une très belle fleur poussant dans un coin du jardin.

Il demanda la raison de sa gaieté.

La fleur répondit : D'abord, moi aussi j'ai commencé à me dessécher, car je n'ai jamais eu la grandeur du sapin qui gardait sa tête verte toute l'année, et je n'ai pas eu la tendresse et le parfum de la rose, me disais-je. : Si l'homme d'affaires, qui est si riche, puissant et sage et qui a si bien cultivé ce jardin, avait voulu cultiver autre chose à ma place, il l'aurait fait. Donc s'il m'a élevé, il a dû vouloir que j'existe. À partir de ce moment, j'ai décidé d'être le plus bel être possible...

conseil!

Le monde est si vaste qu'il y a une place pour toutes les créatures!!

Alors au lieu de prendre la place de quelqu'un, essayons de trouver notre vraie place !! Et sachons que Dieu nous a créés pour cela, pour jouer notre rôle dans le monde. Chacun de nous est créé pour faire évoluer le monde autant que possible...

Le poids du verre

Au début de la classe, un enseignant a pris un verre plein d'eau. Il l'a brandi pour que tout le monde puisse le voir. Puis il a demandé aux élèves : Combien pensez-vous que ce verre pèse?

Les élèves ont répondu : 50 grammes, 100 grammes, 150 grammes...

Le professeur a dit : je ne sais pas exactement combien il pèse sans le peser. Mais ma question est : si je garde ce verre d'eau comme ça quelques minutes, que va-t-il se passer?

Les étudiants ont dit : Rien ne se passera.

Le professeur a demandé: Eh bien, si je le garde comme ça pendant une heure, que se passera-t-il?

Un des élèves a dit : Ta main commence à te faire mal.

-tu as raison. Et si je le gardais toute une journée?

Un autre étudiant a déclaré avec audace : Votre main va s'engourdir. Les muscles sont fortement sollicités et paralysés. Et c'est sûr que vous irez à l'hôpital....... et tous les étudiants ont ri.

Le professeur a dit : C'est très bien. Mais le poids du verre a-t-il changé pendant ce temps?

Les élèves ont répondu : Non!

Alors, qu'est-ce qui cause la douleur et la pression sur les muscles? Que dois-je faire à la place?

Les élèves étaient confus.

L'un d'eux a dit : posez le verre.

Le professeur a dit : Les problèmes de la vie sont exactement comme ça.

Ce n'est pas grave si vous les gardez à l'esprit pendant quelques minutes. Si vous y pensez longtemps, ils vous aideront. Si vous les tenez plus que cela, ils vous paralyseront et vous ne pourrez rien faire.

Il est important de penser aux problèmes de la vie. Mais il est plus important de les déposer à la fin de chaque journée et avant d'aller dormir. De cette façon, ils ne sont pas sous pression.

Vous vous réveillerez frais et dispos chaque matin et vous serez capable de gérer tous les problèmes et défis qui se présenteront à vous!

Alors posez vos lunettes tout de suite!!

Vivre la vie...

C'est la vie!

La vie de Steve Jobs, le fondateur d'Apple, première partie

La première histoire est liée à la connexion d'événements apparemment sans rapport dans la vie.

J'ai abandonné Reed College après six mois d'entrée à l'université, mais j'ai continué à aller et venir pendant environ un an et demi après avoir abandonné, et maintenant je veux vous dire pourquoi j'ai abandonné.

Ma vie et mon combat ont commencé avant ma naissance. Ma mère biologique était une étudiante célibataire qui a décidé de me mettre sur la liste des foyers d'accueil où une famille m'accueillerait. Il croyait fermement que je devrais être adopté par une famille ayant fait des études universitaires et avait tout préparé pour cela.

Un avocat et sa femme avaient accepté de me retirer de ma mère après ma naissance et tout était prêt jusqu'à ce qu'après ma naissance, la famille ait dit qu'elle ne voulait pas de garçon et qu'elle aimerait avoir une fille.

C'est ainsi que mes parents actuels ont reçu un appel téléphonique au milieu de la nuit leur demandant s'ils étaient prêts à m'adopter ou non, et ils ont dit oui.

Ma mère biologique a découvert plus tard que ma mère n'avait jamais obtenu son diplôme universitaire et que mon père n'avait jamais terminé ses études secondaires. Ma mère biologique a refusé de signer mes papiers d'adoption jusqu'à ce qu'ils promettent de m'envoyer à l'université quand je serais grand.

C'est comme ça que dix-sept ans plus tard, je suis entré à l'université et parce que je ne connaissais pas grand-chose à l'époque, j'ai choisi une université dont les frais de scolarité étaient presque équivalents à l'université de Stanford, et j'ai rapidement dépensé les économies de la vie de mes parents en frais de scolarité universitaires. .

Au bout de six mois, j'ai réalisé que l'université ne m'était pas très utile. Je n'avais aucune idée de ce que je voulais faire de ma vie et de la façon dont l'université allait m'aider, et au lieu de dépenser les économies de mes parents, j'ai abandonné, mais j'avais confiance que tout irait bien.

Au début, j'avais un peu peur, mais maintenant que je regarde en arrière, je vois que c'était l'une des meilleures décisions de ma vie.

Dès que j'ai abandonné, au lieu de suivre des cours qui ne m'intéressaient pas, j'ai commencé à faire des choses que j'aimais vraiment.

La vie n'était pas facile pour moi durant cette période. Je n'avais pas de chambre et je dormais par terre dans la chambre d'un de mes amis. Je rendais des canettes de Pepsi vides pour cinq cents pour acheter de la nourriture. Parfois, je marchais sept milles pour obtenir un repas gratuit à l'église. J'ai aimé leur nourriture. À cause de ma curiosité intérieure et de mon ambiguïté, je suis tombé sur un chemin qui s'est transformé en une expérience précieuse.

À cette époque, Reed College offrait l'une des meilleures formations en calligraphie du pays. Toutes les affiches à l'université étaient calligraphiées, et comme j'avais abandonné mon programme régulier, j'ai suivi des cours de calligraphie.

Leur style était très intéressant, beau, artistique et historique et j'ai beaucoup apprécié. Je n'avais aucun espoir que les cours de calligraphie jouent un rôle dans ma future vie professionnelle, mais dix ans plus tard, alors que nous concevions le premier ordinateur Macintosh, toutes mes compétences en calligraphie me sont revenues à l'esprit et je les ai utilisées dans la conception graphique de le Macintosh. Mac a été le premier ordinateur avec des polices informatiques artistiques et magnifiques.

Si je n'avais pas suivi ces cours de calligraphie à l'époque, le Mac n'aurait jamais eu les polices artistiques qu'il a maintenant. De plus, comme Windows a copié la conception de Mac, aucun ordinateur n'avait probablement cette police.

Eh bien, voyez-vous, lorsqu'une personne regarde l'avenir, l'impact des événements peut ne pas être clair, mais lorsqu'elle regarde le passé, elle réalise le lien entre ces événements.

N'oubliez pas que vous devez croire en quelque chose, en votre courage, en votre destin, en votre vie ou en n'importe quoi d'autre.

C'est quelque chose qui ne m'a jamais déçu et qui a apporté de nombreux changements dans ma vie.

La vie de Steve Jobs, le fondateur d'Apple, deuxième partie

Ma deuxième histoire parle d'amour et d'échec.

J'ai été heureux de trouver ce que j'aimais si vite. Mon partenaire et moi avons lancé Apple Inc. dans le garage de mes parents alors que je n'avais que vingt ans. Nous avons travaillé très dur et en dix ans, Apple est devenue une entreprise de deux milliards de dollars avec environ quatre mille employés.

Nous avions lancé notre création la plus intéressante ; Macintosh.

Un an après l'introduction du Macintosh, alors que je n'avais que trente ans, le conseil d'administration d'Apple m'a viré de l'entreprise. Comment quelqu'un peut se faire virer d'une entreprise qu'il a fondée, très simple. L'entreprise avait grandi et nous avions embauché quelqu'un qui, selon nous, aurait une bonne capacité à diriger l'entreprise.

Tout allait très bien jusqu'au bout d'un an ou deux, j'ai eu un désaccord avec lui sur la future stratégie de mon entreprise et le conseil d'administration s'est rangé du côté de lui et j'ai été officiellement licencié.

J'avais l'impression d'avoir perdu tout l'accomplissement de ma vie. Je ne savais pas quoi faire pendant environ quelques mois. J'avais officiellement échoué et je n'appartenais plus à la Silicon Valley, mais un sentiment a commencé à grandir en moi. Un sentiment que j'aimais beaucoup et les événements d'Apple ne l'avaient pas beaucoup changé. L'impression de recommencer.

Peut-être que je n'avais pas réalisé à l'époque qu'être viré d'Apple était l'un des meilleurs événements de ma vie. Le poids du succès avait été remplacé par la légèreté d'un nouveau départ et j'étais complètement libre.

Cette période de ma vie était pleine de créativité. Au cours des cinq années suivantes, j'ai fondé une société appelée Next, une autre société appelée Pixar, et j'ai rencontré une femme merveilleuse que j'ai épousée plus tard.

Pixar a créé le premier outil d'animation par ordinateur au monde appelé Toy Story, qui est maintenant le studio de production d'animation le plus performant au monde.

Dans une tournure extraordinaire des événements, Apple a acheté Next, et cela m'a fait revenir à Apple, et la technologie inventée dans Next a créé une révolution chez Apple.

Ma femme Lauren et moi avons commencé une très belle vie. Si je n'avais pas été viré d'Apple, rien de tout cela ne serait arrivé.

Cet incident était comme un médicament amer donné à un patient, mais le patient en a vraiment besoin.

Parfois, la vie vous frappe comme une pierre, mais ne perdez pas la foi. Je suis sûr que la seule chose qui m'a permis de continuer dans ma vie était que je faisais quelque chose que j'aimais vraiment.

La vie de Steve Jobs, le fondateur d'Apple, troisième partie

Ma troisième histoire concerne la mort.

J'avais dix-sept ans. J'ai lu quelque part que si vous vivez chaque jour comme si c'était votre dernier jour. Peut-être qu'un jour cette opinion deviendra réalité.

Cette déclaration m'a marqué et depuis lors, pendant trente-trois ans, chaque jour quand je me regarde dans le miroir, je me demande si aujourd'hui était le dernier jour de ma vie, est-ce que je ferais encore les choses que je dois faire aujourd'hui. ?

Chaque fois que la réponse à cette question est non, je comprends que j'ai besoin d'une série de changements dans ma vie. Savoir que je finirai par mourir est devenu pour moi un outil important qui m'a aidé à prendre de nombreuses décisions dans ma vie car toutes les grandes attentes de la vie, toute la fierté, toute la honte de l'échec, sont colorées par la mort.

Il y a environ un an, les médecins m'ont diagnostiqué un cancer. Il était 7 h 30 du matin lorsqu'ils m'ont examiné et ont diagnostiqué une tumeur au pancréas. Je ne savais même pas ce qu'est le pancréas et où il se trouve chez une personne, mais les médecins ont dit que ce type de cancer est incurable et que je ne survivrai pas plus de trois mois.

Le médecin m'a conseillé de rentrer chez moi et de gérer la situation. Cela signifiait être prêt à mourir et rappeler à mes enfants dans trois mois, disons, les choses que j'allais dire à mes enfants dans dix ans. Cela signifiait être prêt à dire au revoir...

J'ai lutté avec ce diagnostic toute la journée et la nuit, ils m'ont fait un test optique. Ils ont mis un endoscope dans ma gorge qui a traversé mon estomac et dans mon pancréas.

Ma femme a dit que lorsque le médecin a placé l'échantillon sous le microscope, elle a commencé à pleurer de façon incontrôlable parce qu'il a dit que c'était l'un des types les plus rares de cancer du pancréas et qu'il était traitable!

La mort est un fait utile et intelligent de la vie.

Personne n'aime mourir, même ceux qui veulent mourir et aller au ciel.

Cependant, la mort est une réalité commune à toutes nos vies.

Peut-être que la mort est la meilleure invention de la vie car elle est responsable du changement et de la transformation. La mort détruit l'ancien et fait place au nouveau.

Rappelez-vous que votre temps est limité, alors ne perdez pas votre temps à vivre dans la vie des autres.

Ne tombez jamais dans le piège de la tristesse et ne laissez jamais le bruit des autres noyer votre voix intérieure.

Et surtout, ayez le courage de suivre votre cœur et votre foi.

Quand j'avais votre âge, un magazine très lisible appelé Complete Earth Catalog a été publié, qui était l'un des magazines les plus populaires de notre génération. Ce magazine datait des années soixante, quand il n'y avait pas de nouvelles d'ordinateurs bon marché, ce magazine était fait avec une machine à écrire, des ciseaux et un appareil photo Polaroid. Peut-être quelque chose comme Google maintenant, mais trente-cinq ans avant que Google n'existe.

Au milieu des années 70, ils ont publié le dernier numéro du catalogue complet de la Terre. J'avais alors votre âge et la couverture de leur dernier numéro comportait une photo matinale d'une région rurale de montagne. Le genre que vous pourriez aimer pour une randonnée en montagne. Sous la photo était écrit:

Rester affamé, rester idiot

C'était leur message d'adieu lors de la publication du dernier numéro.

Et c'est un souhait que j'ai toujours eu sur moi-même, et maintenant que tu seras diplômé, c'est un souhait que je te souhaite.

Tout le monde entend le cri, le véritable art est d'entendre le son du silence.

L'eau qui est tombée

Le consultant a pris un verre d'eau et l'a versé sur le sol. Lorsque l'eau s'est renversée, il a donné à la dame et au monsieur deux parapluies pour recueillir l'eau renversée du sol et la verser dans le verre.

Le mari et la femme ont fait cela avec surprise, puis se sont assis.

Le consultant a dit : Eh bien, posez le verre sur la table et attendez un peu. Après un peu de silence, le consultant dit:

Vous ne pouviez pas récupérer toute l'eau renversée.

Le peu d'eau que vous avez recueillie avec l'éponge est devenue boueuse, bien sûr, elle s'est un peu déposée au bout d'un moment, mais elle n'est plus aussi claire qu'avant.

Chaque fois que vous secouez le moins le verre, l'eau redevient boueuse et vous devez attendre qu'elle se dépose à nouveau.

Pouvez-vous être sûr qu'il n'y a pas de germes dans cette eau?

C'est exactement notre vie. Parfois, nous prenons une mauvaise décision avec un comportement précipité, illogique et hâtif ; C'est comme de l'eau qui a été renversée, mais nous essayons ensuite de la récupérer et de résoudre cette mauvaise décision, mais il faut beaucoup de temps pour que l'eau boueuse se dégage du sol ! Cela signifie qu'il faut du temps pour oublier ce mauvais comportement.

Le verre n'a plus d'eau comme avant, il a diminué, ça veut dire qu'on n'a plus la même contenance qu'avant !! Car une fois notre capacité réduite et au moindre mouvement, l'eau redevient boueuse, et cette fois il faudra beaucoup de temps pour que l'eau redevienne claire, ce qui veut dire que nous pourrons à nouveau tout tolérer.

Essayons donc de ne pas prendre de décisions hâtives. Nous n'aurons peut-être pas le temps de récupérer l'eau déversée.

Essayez de ne pas dire des choses qui rendent notre vie boueuse.

Essayons de garder la vie propre et joyeuse comme laver un verre et le remplir d'eau propre et claire.

référence:

Ici le ciel est nuageux par Naiem ahmadinejadfarsangi

-Le monde à l'envers de Naiem ahmadinejadfarsangi

-Que Dieu m'aide de Naiem ahmadinejadfarsangi

- La mort est là de Naiem ahmadinejadfarsangi

Printed by Books on Demand GmbH, Norderstedt / Germany